JN130081

「ただ念仏」の教え

―法然聖人から親鸞聖人へ―

前田壽雄

「ただ念仏」の教え

―法然聖人から親鸞聖人へ―

目次

はじめに

鎌倉仏教を代表する二人の宗祖、法然聖人（一一三三―一二一二）と親鸞聖人（一一七三―一二六二（一二六三））。浄土宗の宗祖が法然聖人、浄土真宗の宗祖が親鸞聖人であることはよく知られ、多くの人びとから讃仰されています。

政治や社会が混迷していた平安時代末期、法然聖人は、「念仏を称えれば誰もが救われる」と、阿弥陀仏の名号を称える専修念仏（ただ念仏）を説き、浄土宗を開かれました。

その教えを受けた門弟の中に、四十歳年下の親鸞聖人がいました。二人は師弟関係であり、しかも往生された年が五十年の違いであることから、五十年ごとの節目にあたる大遠忌法要も同年に勤められる関係にあります。現代においても法然聖人と親鸞聖人は、切っても切れない不思議なご縁によって結ばれています。この不思議なご縁を結んでいるものこそ、「南無阿弥陀仏」の念仏の教えであります。

一、法然聖人と浄土宗

専修念仏への帰依

まず、「浄土宗」と「浄土真宗」という言葉について考えます。浄土宗は、法然聖人の主著『選択本願念仏集』（以下、『選択集』と略します）で提唱されています。「選択」は浄土宗では「せんちゃく」と読みますが、浄土真宗では「せんじゃく」と読んでいます。読み方によって、その人の立場が明確になります。浄土真宗の流れをいただく者として、お話をつづけさせていただきます。

法然聖人が十三歳、あるいは十五歳の時にのぼった比叡山では、すでに「南無阿弥陀仏」と念仏を称え、浄土に往生することを願う道が説かれていました。しかし、それはさまざまな行を修め、身心を清め、この世で仏に成っていく道の一部分にすぎませんでした。したがって、あれもこれも修めながら、この世でさとりを開き、そして命終すれば浄土に往生するといった浄土教が説かれていました。

ところが、法然聖人はどれほど修行を積み、学問を研鑽しても、自己中心の欲望を砕いていくことができませんでした。法然聖人の伝記には、この当時の心境を「かなしきかな、かなしきかな。いかがせん、いかがせん。ここに我等ごときはすでに戒・定・恵（慧）の三学の器にあらず」と語られています。この世でさとりを開くことができない、「三学非器」を自覚された法然聖人は、どのような行によっても、我等はさとりを開くことができない身であることを苦しみつづけられていたのです。

しかし、四十三歳の時、黒谷の経蔵において、中国浄土教の善導大師（六一三

—六八一）の『観経疏』の文に出遇われ、称名念仏一行の道に帰依されました。

『観経疏』の文とは、

「一心にもつぱら弥陀の名号を念じて、行住坐臥に時節の久近を問はず念々に捨てざるは、これを正定の業と名づく、かの仏の願に順ずるがゆゑなり」

（一心にひたすら阿弥陀仏の名を称え、行くもとどまるも、坐しても臥していても、時間の長い短いにかかわらず、つねに称名念仏することが、正しく生きとし生けるものすべてである衆生が浄土に往生する行業です。なぜならば、それは阿弥陀仏の本願の誓いにしたがった行であるからです）

でありました。

こうして、阿弥陀仏の本願には、称名念仏一行を専修することを、往生の行業としてのお勧めであるとみられました。本願とは、阿弥陀仏があらゆる苦悩の人びとを救いたい、浄土に往生させたいという阿弥陀仏の根本の願いをいいます。

また遠い過去において阿弥陀仏が法蔵菩薩であったときに、あるゆる者が浄土に往生することができないのならば、阿弥陀仏にはならない、と誓った願いでもあります。法然聖人は、阿弥陀仏としていま現に、はたらいているならば、その本願もまた成就しているのだと解釈されました。

それ以後は、比叡山を下りて東山の吉水の草庵でこの念仏の教えを説かれていきました。「偏依善導一師（偏に善導一師に依る）」、あれもこれも修行する道から、念仏一筋を歩みつづけられることになりました。人びとにこの念仏、すなわち阿弥陀仏の本願によって救われる道を勧められ、また理論的にも称名念仏一行が往生浄土の行業であることをまとめていかれました。それが六十六歳の時に著された『選択集』です。

聖道を捨てて浄土に帰す

『選択集』は、はじめの三章が最も重要だと考えられています。それは二門章、二行章、本願章とよばれる三章です。『選択集』では各章の初めに、その章の主題となる一文が挙げられています。これを標章の文といいますが、標章の文を読めば、その章で法然聖人が何を主張したいのかがわかります。

第一章「二門章」の標章の文は、「道綽禅師、聖道・浄土の二門を立てて、聖道を捨ててまさしく浄土に帰する文」です。中国の浄土教者である道綽禅師（五六二―六四五）は、仏教に聖道門と浄土門があることを明示し、末法の世に生きる凡夫にとって、聖道門を捨てて浄土門に帰すべきことを述べています。

末法とは、仏教の歴史観をいいます。釈尊の教えによって修行し、さとることができるという教・行・証の三つがすべてそろっている時代の正法（しょうぼう）と、正法の後、教と行の二つはあっても証がないという時代の像法（ぞうぼう）に対し、教のみあって行と証のない仏教衰微（すいび）の時代を末法といいます。今は末法であり、そのため末法に相応（ふさわ）しい教えとして浄土教が確立されていきました。

さて法然聖人は、この章で浄土宗という宗名は前例があることを示し、さらに浄土宗の正しく依りどころとする経論とは、三経一論（さんぎょういちろん）であること明らかにします。三経一論とは、『無量寿経』、『観無量寿経』、『阿弥陀経』の「浄土三部経」と天親菩薩（てんじんぼさつ）の『浄土論』です。

また、浄土の教法がどのような先師によって継承され、法然聖人へ至ったかを述べるにあたり、曇鸞大師（どんらんだいし）、道綽禅師、善導大師、懐感禅師（えかんぜんじ）、少康法師（しょうこうほっし）という相承（そうじょう）の師を挙げます。このように浄土宗を開宗する根拠として、教判（きょうはん）、宗名、経典、相承の点から整理し、論理づけているのです。

雑行を捨てて正行に帰す

次に「二行章」の標章の文は、「善導和尚（かしょう）、正雑（しょうぞう）二行を立てて、雑行を捨てて正行に帰する文」です。善導大師は、阿弥陀仏と関わりのない雑行を捨てて、浄土三部経に基づいた行、すなわち正行に帰すべきことを述べています。道綽禅師と善導大師も師弟関係ですから、道綽禅師の教えを善導大師が受け継いだとみることができます。

さて正行とは、一心にひたすら先ほどの①浄土三部経を読む、読誦（どくじゅ）。②浄土三部経に説かれている阿弥陀仏を心に思い浮かべる、観察（かんざつ）。③浄土三部経に説かれている阿弥陀仏を礼拝（らいはい）する。④阿弥陀仏の名を称える、称名（しょうみょう）。⑤そして阿弥陀仏を讃歎供養（さんだんくよう）するという五種をいいます。読誦・観察・礼拝・称名・讃歎供養の五種が正行です。

正行と言える基準は、阿弥陀仏と関わりがあるかどうかです。阿弥陀仏と関わりがなければ、すべて雑行となります。ですから浄土三部経以外の経典、具体的には『般若心経』を往生行として読むことや、阿弥陀仏以外の仏や菩薩を礼拝することは雑行となります。

そして正行の中でも称名念仏のみを、浄土往生の正定業(しょうじょうごう)であると説いています。正定業とは、衆生の往生が決定する行業という意味です。称名のみが正定業である理由は、称名念仏が阿弥陀仏の本願に往生行として誓われている唯一の行だからです。

「ただ念仏」を誓う本願

第三章の「本願章」では、「弥陀如来、余行をもって往生の本願となさず、ただ念仏をもって往生の本願となしたまへる文」が標章の文であり、二行章で説き表された称名念仏とは、阿弥陀仏によって選ばれた本願の行であることを明らかにしていきます。

この行を「選択本願の念仏」といい、その称名念仏をなぜ選ばれたかを示していきます。それは念仏があらゆる行よりも勝れ、あらゆる行よりも実践し易く、だれもが必ず浄土に往生することができる行であるからです。その根本には、阿弥陀仏による生きとし生けるものすべてへの「平等の慈悲」が据えられています。

法然聖人は、「しかればすなはち弥陀如来、法蔵比丘の昔、平等の慈悲に催されて、普(あまね)く一切を摂(せっ)せんがために、造像起塔等(ぞうぞうきとうとう)の諸行(しょぎょう)をもつて、往生の本願となしたまはず。ただ称名念仏一行をもつてその本願となしたまへり」と、阿弥陀仏の本願の根本に、法蔵菩薩の慈悲に基づく誓いをみています。生活が困窮している人、愚かで智慧の劣った人、仏の教えを聞くことが少ない人、戒律を堅くたもつことができない人。この末法の時代において、これらの人々の真の救いとは、阿弥陀仏の本願、選択本願よりほかにはないと、法然聖人は説かれているのです。

また、念仏は称える数にとらわれることがないことも述べられています。この第三章の「本願章」では、『選択集』の最も中心的な主張が展開されています。

三つの選び

さらに、二門章、二行章、本願章の三章は、『選択集』の結びの文として述べられる、三選の文と相応しています。
「三選」とは、「選びて」が三回出てくることから、このように呼んでいます。初めの「選びて」が聖道門を捨てて浄土門を選び取る、第二の「選びて」が雑行を捨てて正行を選び取る、そして第三の「選びて」が正定業を選び取るということです。正定業とは称名であり、称名は阿弥陀仏の本願によるから必ず往生することができるのです。

法然聖人は、選択とは「選び取る」とともに「選び捨てる」という意味をも兼ね備える言葉であるといいます。そして、その選択とは私の選択ではなく、阿弥陀仏によるもので、阿弥陀仏が、念仏以外の行は何もいらないといっているのです。衆生の往生に必要なのは念仏だけだと述べています。法然聖人は、選取と選捨の両方の意味が込められた言葉として「選択」を使用しています。このように「選択」という言葉を用いながら、阿弥陀仏の本願の救いを明らかにされているのです。

ここで「選択」という言葉を、ただいまのみなさまに引き寄せて考えてみましょう。この講演会（武蔵野大学日曜講演会）を聴講されているということは、選び取ってお越しくださったわけです。それは他の用件を差し置いて、選び捨てて来られたということにもなります。しかし、お忙しい中、自ら来ようと選び取ってお越しになられたわけですが、この講演会に参加することができているのは、実はこの大学の会場があって、ご案内があって、さまざまな条件が満たされているから初めて聞くことができているわけです。そして、もっと根源的には法然聖人、親鸞聖人の教えがあり、阿弥陀仏の本願の救いがだれにでも開かれているからであると考えることができます。そうすると、よくよく考えてみると、自ら選び取って来られているわけではありますが、無量無数のご縁が重なり、ただいまが成立しているのであり、実はすでに用意されていたものだったということになるのです。念仏の教えはこのような考え方が基本にあるのです。

ここでこれまでの内容をまとめますと、法然聖人の念仏とは「選択本願の念仏」、つまり阿弥陀仏が本願に選択した行であるということです。そして『選択集』に説かれている最初の二門章、二行章、本願章の論理は、「選択」という言葉を中心に据えながら、また結論としてもう一度明確にこれを述べられているということになります。

二、親鸞聖人と浄土真宗

往相と還相の二種回向

次に「浄土真宗」とは、どのような意味なのかについてお話をします。私たちは一般的に、宗派的な視点から浄土宗と浄土真宗を区分して用いています。しかし、親鸞聖人には、「浄土宗」「浄土真宗」という言葉を分けて使う意図が見られません。

親鸞聖人の主著である『顕浄土真実教行証文類（けんじょうどしんじつきょうぎょうしょうもんるい）』（以下、『教行信証』と略します）には、初めに、

「つつしんで浄土真宗を案ずるに、二種の回向（えこう）あり。一つには往相（おうそう）、二つには

還相なり。往相の回向について真実の教行信証あり」という文があります。

浄土真宗とは、この場合、宗派や教団を指すのではなく、浄土真宗の教えそのものをいいます。浄土真宗の教えをうかがうと、二種の回向があるというのです。回向とは、私たちがではなく、阿弥陀仏が本願力によって、功徳を衆生にふり向けることをいいます。その二種とは往相と還相です。

教・行・信・証

往相とは、われわれが浄土に往生していくすがたであり、往相回向には、教、行、信、証があると説かれています。親鸞聖人は、浄土真宗の教えとは、『大無量寿経』という経典の言葉、すなわち釈尊の説法となって私たちに与えられるとされました。親鸞聖人は、法然聖人が浄土三部経と定めた一つ『無量寿経』を『大無量寿経』と表現しています。

教である『大無量寿経』には何が説かれているのか、それは阿弥陀仏の本願であり、さらに一言にまとめると、「南無阿弥陀仏」という念仏になります。「南無阿弥陀仏」という大行となって、教えが届くこととなります。単に行ではなく、大いなる行、「大行」とされました。親鸞聖人は、『大無量寿経』、大行、大信、大菩提心、大涅槃など教も行も信も証も阿弥陀仏からたまわるすぐれた大いなるはたらきとして、「大」という字を付けられています。

私たちは「南無阿弥陀仏」という言葉を通して、いつでも阿弥陀仏に出遇っていると言えます。この大行は、私が「南無阿弥陀仏」と称えて、阿弥陀仏に助けてくださいと、お願いする行為ではありません。「南無阿弥陀仏」とお願いするのは、私ではなく実は阿弥陀仏の方です。阿弥陀仏はこの私を願ってくれていいます。どのように願っているのかというと、「ただ念仏して、浄土へ生まれなさい」

という願いです。このように「ただ念仏して、浄土へ生まれなさい」と阿弥陀仏がお願いしてくださるから、また、あらゆる仏さまが称名念仏して、阿弥陀仏の名をほめ讃えているから、私は「おおせの通り、ただ念仏して浄土へ生まれさせていただきます」と、「南無阿弥陀仏」と称えるのが親鸞聖人の念仏です。阿弥陀仏は「あなたを必ず浄土に生まれさせ、仏に成らせる」と、「南無阿弥陀仏」となって、いつでもどこでもだれにでもはたらきつづけておられます。この阿弥陀仏の「あなたを必ず浄土に生まれさせ、仏に成らせる」というおこころを信じることを信心といいます。私が理解したから、信じられるから救われるのではありません。あなたを必ず救い取ると決意した阿弥陀仏の本願を信じるということが、信心なのです。これによって、ただいま往生成仏という結果が定まります。救いは死んでからのことではありません。信心が定まるそのとき成立するのです。また親鸞聖人のご書物には、「娑婆の縁尽きて」という表現はありますが、「死ぬ」と用いられていません。死ぬのではなく、往生する、浄土に生まれて往く(ゆ)と言われています。必至滅度(ひっしめつど)、必ず滅度であるさとりに至る。大行と大信によって得られる結果が真実の証です。以上が「往相の回向について真実の教行信証あり」ということです。

仏事の意味

そして、浄土に往生したものは、仏に成って終わりではありません。苦しむ人々を救いつづけるのです。阿弥陀仏の真実の救いにあずかって、だれもがしあわせになるようにと、喜びを与えていくことになるのです。これが還相です。さとりを得たものが大悲を起こして浄土から、苦しみ悩むわれわれを救うためにこの世に還(かえ)って来るすがたをいいます。親鸞聖人は、この還相を自身の未来のすがたとして捉えているのみならず、具体的にはすでに亡くなられ、往生された法然聖人や、さらには善導大師などの高僧方に、そのはたらきを感じ取られていました。私たちにとっても、亡くなられて仏さまと成られた方が、いま私を浄土真宗の教えへと導いてくださっているということができます。

法事をはじめとする仏事は、亡くなられた方を偲ぶことのみが目的ではなく、その方が何をよりどころとして、人生を送られたのかを聞いていくことが大切だと考えます。つまり、私を浄土真宗へと導いてくださった方々を尋ねていくことであり、そのことは私のよりどころとは何かを聞くことであります。その尋ねとは、「南無阿弥陀仏」の念仏を通して、私に、いま現にはたらきつづけている阿弥陀仏の救いの教法を聞く縁であるということになります。私に伝えられたこと、そしてさらに伝えられていくこと、それは阿弥陀仏の本願、他力回向の教えの伝承にほかならないのです。

浄土真宗では、念仏に「お」を付けて「お念仏」と言い習わしてきたこともこのことを言い表していると思います。念仏に「お」を付けるのは私のものではない、いただきものである、伝えられたものであるという意味が込められています。浄土から私のところまで大切に届けられたので、私で終わらせるのではない。お念仏を称えるということは、声となって私からさらに他の方へと伝えられていくということなのです。

浄土からの真実の教えが念仏と信心となって、この私が浄土に生まれてゆく。そして、ひとりひとりのこころに浄土を開いていく。これが親鸞聖人の顕(あらわ)された浄土真宗であると考えます。

選択本願は浄土真宗

さて「教巻」には、「大無量寿経　真実の教　浄土真宗」と述べられています。親鸞聖人は、この『大無量寿経』にこそ真実の教えが説かれている経典であるとして、これを「浄土真宗」と顕されました。『大無量寿経』には、阿弥陀仏があらゆる苦悩の人びとを救いたいという願い、本願とその本願が成就されたことが説かれています。この経典に説かれている、さまざまな苦しみや悩み深い人びとの救いとは、そのまま煩悩だらけのこの私の救いを意味しているとされました。

このように親鸞聖人は、『大無量寿経』を浄土真宗であると顕し、あらゆる苦悩の人びとが救われていく道こそ、阿弥陀仏の本願であると解釈されたのです。

阿弥陀仏の本願は四十八ありますが、その中心は第十八願です。これを親鸞聖人の師である法然聖人は「選択本願」と述べられました。先ほどもお話をしましたが、阿弥陀仏は法蔵菩薩として修行されていた時に、あらゆる人びとを救いたいと、「南無阿弥陀仏」の称名念仏をお選びになりました。そして法然聖人は、私たちが称名念仏によって浄土に往生することを明らかにされました。これが「選択本願の念仏」です。

「選択本願の念仏」は、親鸞聖人によって継承され、これを阿弥陀仏からたまわる、恵まれる念仏であり、如来のよび声であると解釈します。親鸞聖人は『御消息』に、「選択本願は浄土真宗なり」と説かれています。法然聖人の念仏の教えを受け継ぎながら、私がいま、いかに救われていくかという問いを通して、その救いのすべてを「選択本願」と示し、これを「浄土真宗」と言っているのです。つまり選択本願、阿弥陀仏の本願の救いをよりどころとする、念仏成仏の教えが、浄土真宗なのです。

このように親鸞聖人が顕(あきら)かにした教えとは、法然聖人が説かれたことに尽きるという考えが基本にあります。法然聖人には多くの門弟がいましたが、その念仏の教えを正しく理解した者は非常に少なかったのが現実でした。そこで、「これこそが法然聖人の浄土宗が説いた、まことである」という意味を込めたとき、「浄土真宗」という言葉となります。「浄土真宗」とは、親鸞聖人にとって、法然聖人が説いた教え、往生浄土の真実の教えという意味なのです。

愚者になりて

また、親鸞聖人の「浄土宗」の用例は、例えば法然聖人が仰せの言葉として、「浄土宗の人は愚者(ぐしゃ)になりて往生す」があります。この浄土宗も浄土真宗同様、宗派の意味ではなく、浄土の教えのことです。浄土門のことです。「愚者になりて往生す」という言葉は、法然聖人にも「愚痴にかへりて極楽にむまる」（『浄土宗大意』）とあります。これは「智慧を極めて生死（しょうじ）を離れる」聖道門と対比しながら、浄土門の行を説いたものです。仏教は仏に成る教えですので、「極楽にむまる」と「生死を離れる」とは重なりますが、「愚痴にかえる」と「智慧を極める」とでは、その仏道の方向性が全く異なります。

では「愚痴にかへる」「愚者になりて」とはどのような状態をいうのでしょうか。「かへる」「なりて」ですので、このままでよいと言っているわけではありません。「かへる」「なりて」は、自身のみにおいて、自己が愚者であると言っているのでもありません。また、他者と比較して私は愚者であると言おうとしているわけでもありません。これは私という存在自体が問われるあり方の中で、その根本が自覚されていくということであり、自覚されればされるほど、自己が愚者であるとしか言いようがないと知ることだと考えます。そして同時に、私のいのちも、大切な家族も、財産も、社会的地位や名誉もすべて自らの力によって築きあげたものではないということ、また、これらはすべて永遠的なものではないということ、やがて崩れ去っていくのだと知らされてきます。だからこそ、愚者には間違いない確かな救いが必要となるのです。

なぜ、阿弥陀仏による救いなのか。限りあるいのちを生きるこの私であるからこそ、限りないのち、量り知れないいのちである無量寿のはたらきの阿弥陀仏におまかせするしかないのです。また、深い闇を抱えて生きている私であるからこそ、量り知れない光をはなつ阿弥陀仏をよりどころとするのです。「いづれの行もおよびがたき身」である親鸞聖人にとって、法然聖人が示された、往生浄土の教え、つまり浄土真宗だけが仏に成ることのできる唯一の道だと言えるのです。

三、親鸞聖人における法然聖人との出遇いの意味

雑行を棄てて本願に帰す

親鸞聖人は、九歳で出家して比叡山にのぼり、青春時代の二十年間を、ひたすら「生死出づべき道」の問題の追及に費やしました。けれども、その答えを得ることができず、二十九歳のとき、山を下りて法然聖人にめぐりあうことによって、ようやくこの問題を解決されました。親鸞聖人は、自らの身の上に起こったことについて直接語ることはきわめて少ないのですが、法然聖人との出遇いについては、『教行信証』に明確に記されています。

「しかるに愚禿釈の鸞、建仁辛酉の暦、雑行を棄てて本願に帰す」

この「建仁辛酉の暦」とは一二〇一年、親鸞聖人が二十九歳のときを指しています。ここでは〝法然聖人と出遇った〟とは書かずに、その出遇いの内容を確かめるかのように、「雑行を棄てて本願に帰す」と書かれています。法然聖人との出遇いが「本願に帰す」という新たな生き方を、親鸞聖人に与えたことがわかります。

この文の興味深い点は、「雑行」という言葉に対応する反対概念は、善導大師や法然聖人によれば「正行」であるにもかかわらず、「雑行を棄てて正行に帰す」とは言われていないことです。また、正行とは先にもお話をしました通り、往生浄土の行をいい、浄土三部経に関わる行として読誦・観察・礼拝・称名・讃歎供養という五種がある中、称名を中心としていることを考えると、「雑行を棄てて称名に帰す」と記しても不思議ではないはずです。しかし、そうは書かれていません。なぜでしょうか。もしそのように書くと誤解されることを危惧したからであると考えます。その誤解とは、正行や称名を自分が身につけた功徳として捉えることも可能であり、これを浄土往生に役立てようという自力の念仏と混同してしまう恐れがあることです。一つひとつの表現に細心の注意を払っていたのではないかと考えます。つまり、自力の念仏ですと、自らが修行に励めば迷いを超えられるということと同じになってしまうわけで、自らのはからいを問い直す体験でもあったのです。そこには自分がどのような存在であるのか、という人間観、価値観の転換があります。

いずれの行もおよびがたき身

このことは『歎異抄』第二条からみることができます。ここには修行に励むことを支えるのは「仏になるべかりける身」、すなわち、仏に成ることができるわが身という人間観が示されています。仏に成ることができると思えばこそ、厳しい修行に耐えることも成り立ちます。しかし、どれだけ修行を重ねればよいのかはわかりません。励んでいる修行が果たして迷いを超えるのかどうかもわかりません。比叡山時代の親鸞聖人は、自らの修学が仏道と言えるのかという疑問を持っていたことでありましょう。ですから、どのように念仏したらよいのか、念仏は何回称えれば救われるのか、どのように信じたらよいのか。念仏の方法や信じ方が問題となると、修行と変わらなくなってしまうのです。決して私が称えることができているから、信じているから救われるということではありません。念仏とは阿弥陀仏の行、阿弥陀仏のはたらきそのものであり、阿弥陀仏が私を必ず救うはたらきを受け入れることが信心なのです。

したがって、「いずれの行もおよびがたき身」という『歎異抄』の言葉は、どのような修行に励もうとも、迷いを超えることができないわが身の事実に気づかされた言葉なのです。「雑行を棄てて本願に帰す」という表現の大切さがみえてきます。迷いを超えるための行を何か一つ選ぶということではなく、いかなる行によっても迷いを超えられないという愚かなわが身に立って、阿弥陀仏の本願を依りどころとして生きていこうという宣言が示されているのです。

選択集から教行信証へ

さて親鸞聖人は、法然聖人の主著である『選択集』を書き写させていただいたときの喜びを、『教行信証』の後序で、「真宗の簡要、念仏の奥義、これに摂在せり」と、この『選択集』に真宗、念仏の教えが全部込められていると述べられています。そして「希有最勝の華文、無上甚深の宝典なり」と讃歎されています。

私が何かを付け足すわけではなく、正確に、論理的に示していこう。『選択集』

ほど素晴らしい文はない、この上ない宝の聖典である、というのが親鸞聖人の姿勢、立場なのです。

このように親鸞聖人の立場は、決して法然聖人を超えるとか、発展させるということではなく、法然聖人が明らかにされた「選択本願の念仏」、阿弥陀仏の選んだ本願の念仏を顕わしていこうというものでした。それが親鸞聖人の『教行信証』における『選択集』の受容態度です。

それであるならば、『教行信証』に『選択集』から多くの文が引用されていてもよいわけですが、そうではありません。『教行信証』には、『選択集』の引用は二箇所しかありません。一つは「行巻」に「南無阿弥陀仏　往生之業（おうじょうしごう）　念仏為（い）本（ほん）」という『選択集』の冒頭の文であり、もう一つは同じく「行巻」でこれに引きつづき引用される先ほどの「三選の文」です。

『選択集』の冒頭の文と『選択集』の結びの文を、『教行信証』の「行巻」に引いています。『選択集』に説かれているさまざまな文を引くことはせずに、はじめと終わりを引用することによって『選択集』の真髄を『教行信証』が受け継いでいると考えることができます。

『選択集』は、「選択本願の念仏」を明らかにしているわけですから、それは弥陀の本願、『大無量寿経』のこころを表しています。この『大無量寿経』に説かれた阿弥陀仏の本願のこころを開顕されたものが『選択集』であり、それは『教行信証』に展開していくのです。ですから、『教行信証』もまた阿弥陀仏の本願のこころを顕らかにしたと言えます。『教行信証』は『選択集』の解釈書でもあり、親鸞聖人は法然聖人を継承した立場を顕らかにしていると指摘することができます。

四、法然聖人の説法と親鸞聖人の聞法

生涯聞法者

法然聖人は日本で初めて「南無阿弥陀仏」の念仏一つで救われていくことを説き、それをだれもが救われる教えとして普遍化させていったところに特色があります。また法然聖人の問題意識は、釈尊が説かれた行、すなわち仏教には数多くの行があるけれども、浄土に往生する行とは何か、それは「南無阿弥陀仏」の念仏一つであることを説くことにありました。この法然聖人の選択本願の救いの説法を親鸞聖人は聞法者として、常に法然聖人に聞いていかれました。

『歎異抄』には、親鸞聖人が「親鸞におきては、ただ念仏して、弥陀にたすけ

られまゐらすべし」と「よきひと」法然聖人の仰せを、唯円房に語っておられます。親鸞聖人は終生、法然聖人の説法を、「親鸞におきては」と自らの問題として聞法されていかれたのです。この「親鸞におきては」の部分をみなさんのお名前に置き換えて読んでみてください。うなずかれるでしょうか。教えを聞くということは、教えに出遇うということはこれがうなずいてくるということです。親鸞聖人は何度も繰り返し、繰り返し聞くことが大切であると教えてくださっているのだと思います。

そして、法然聖人の説法を聞法するということは、弥陀の本願を聞くことにほかならないわけです。このような立場に立つので、「遇ひがたくしていま遇ふ」と、これが親鸞聖人の教え全体の基本になっています。「あう」という字を「会」ではなく、「遇」と書かれているのは、天親菩薩の文の影響を受けているのですが、その読み方として「まうあふ」とふりがなが付けられています。「あいたてまつる」という敬意を込めて読まれています。また、「たまたま出遇う」という意味があります。自分が想定しなかった、自分を超えたはたらきに思いがけず、めぐり遇ったということです。救いとは自分の想定を超えた出遇いなのです。

慶喜と悲歎

『教行信証』には「親鸞」という名前が何度も記述され、愚禿と名のり、「愚禿釈親鸞」あるいは「愚禿鸞」とされています。総序には、「愚禿釈の親鸞、慶ばしいかな」と述べ、インド、中国、日本に聖教が伝えられ、七祖をはじめとして多くの人々が教えを慶び、伝えられた。その教えに「遇いがたくしていま遇ふことを得たり、聞きがたくしてすでに聞くことを得たり」と、深い慶びを『教行信証』のはじめに書かれています。

また「信巻」には、本願によって救われた、本願の誓いを受け入れて真の仏弟子にならせていただいたという信心のよろこびを語られた結びに、

「まことに知んぬ、悲しきかな愚禿鸞、愛欲の広海に沈没し、名利の太山に迷惑して、定聚の数に入ることを喜ばず、真証の証に近づくことを快しまざることを、恥づべし傷むべしと」

すでに本願の教えに出遇って迷いの世界を流転するということは断ち切られた、そのように信心のよろこびを語っているとともに、本願の教えに照らし出された自分の姿を、「恥づべし傷むべしと」悲歎されています。「定聚の数」とは、仏になるべき身に定まった、往生することが間違いない仲間に入ったことを述べているのですが、「悲しきかな愚禿鸞、愛欲の広海に沈没し、名利の太山に迷惑して、定聚の数に入ることを喜ばず」と、それを少しも喜ばないと言われているのです。「真証」とは真実のさとり、浄土のことです。浄土においてさとりを得

ていくことを快しまないと、告白されています。はじめは教えに遇うことの慶び、後は教えに遇いながら、教えに背いている自分の姿を告白しているのです。これは矛盾しているかのようにみえますが、遇い難い教法にこの身が遇わせていただくとき、「慶ばしいかな」とともに「悲しきかな」と、この自分の姿が知らされてくるということなのです。自分の姿が知らされてくることが、実は間違いない救いであると、このように述べているのです。また、親鸞聖人は、間違いない救いを「まことなるかな」として、南無阿弥陀仏は「摂取不捨の真言」であると説かれています。救い取って決して見捨てない真実の言葉である。「超世希有の勝法」、たぐいまれな勝れた教えであると感嘆されているのです。だからこそ阿弥陀仏の本願を「聞思して遅慮することなかれ」なのです。

一切の救い

この慶びや悲しみは親鸞聖人だけのものではありません。「一切群生海」と述べています。信心の内容は「信巻」に述べられていますが、そこには私に真実なし、人間に真実なし、ということを徹底的に述べています。私たちにはもともと真実がないから、信心とは、仏からたまわるのであり、仏から与えられる信心であると示されています。なぜ、信心は与えられると言うのか。信心が仏からたまわると言いうるのか。それは、

「一切の群生海、無始よりこのかた乃至今日今時に至るまで、穢悪汚染にして清浄の心なし、虚仮諂偽にして真実の心なし」

と、親鸞聖人は人間の実相を非常に深く鋭くみていかれています。「一切群生海」

に「群」という字が書かれています。群がり生きる、雑草のように生きる、生きとし生けるものという意味です。しかも始めのない過去から今に至るまで、「穢悪汚染にして清浄の心なし、虚仮諂偽にして真実の心なし」。清浄の心も真実の心もないことを明らかにしています。私たちには清浄の心、真実の心がないからこそ、清浄の心、真実の心が阿弥陀仏によって与えられていくと示されているのです。親鸞聖人自らへの問いかけを一切の衆生に開いて、そしてそこに一切の救いを論じていくのです。それは自分に真摯に向き合って、自己の事実を見極めることにおいて、真の救いがそこに説かれているのだと、このように考えることができます。

法然聖人が普遍的な救いを明らかにしたことを受けて、親鸞聖人はもう一度その教えを自らに問いかけて、そしてまた普遍的なところにかえして、阿弥陀仏の本願による救いを問題にしていったとみることができます。

本願招喚の勅命

ここで親鸞聖人は念仏をどのように解釈されているのかをまとめます。「南無阿弥陀仏」は六文字ですので、これを解釈した文を六字釈と言われています。「しかれば、南無の言は帰命なり。……ここをもつて帰命は本願招喚の勅命なり」親鸞聖人は、南無＝帰命である。帰命は「本願招喚の勅命である」と解釈し、私を招き、よびつづけておられる阿弥陀仏の本願の仰せであると述べています。

南無阿弥陀仏の念仏とは、阿弥陀仏のはたらきです。親鸞聖人は、称えている念仏が阿弥陀仏のはたらきであることを法然聖人より聞き、そして称えている念仏を阿弥陀仏の声として聞いていかれました。そこで同時に「なるほど、そうであった」と気づかされる。このうなずき、「おまかせします」という心が信心であると言えるわけです。

したがって、法然聖人の称える念仏は、親鸞聖人によって「本願招喚の勅命」となって、私にはたらきかける念仏を「聞名する念仏」へと展開したとみることができるわけです。

仏願の生起本末を聞く

この「聞名」つまり、「名号を聞く」ということは、「仏願の生起本末を聞く」ことであるともいわれます。「南無阿弥陀仏」の名号は、本願成就の名号であり、誓願の尊号ですから、名号のいわれを聞くことと、本願のいわれを聞くことは、別なものではありません。その本願のいわれを聞くことを、「仏願の生起本末を聞く」という言葉で示されています。では、仏願の生起本末とはどういうことでしょうか。

仏願の生起とは、阿弥陀仏が本願を起こされた、ということです。なぜ阿弥陀仏は本願を起こされたのでしょうか。それはほかでもない、苦しみ悩み迷いつづける私がここにいるからです。生起本末の「本」とは、阿弥陀仏が私たちを救う願を起こした由来という意味です。親鸞聖人は「弥陀の五劫思惟の願をよくよく案ずれば、ひとへに親鸞一人がためなりけり」と受け止められました。また本末の「末」とは、阿弥陀仏が本願を成就して、どのようになったかという結果です。本願を成就して現に私たちを救いつづけているということです。このことを受け入れることを「聞」というのです。そして「聞」はそのまま「信心」であると語られ、これを「本願力回向の信心」と述べています。

阿弥陀仏は、法蔵菩薩として長い間、思案をめぐらして私たちの救済の方法を考え、それを実現させるために、はかりしれないほどの修行を積まれました。そしてその結果、ついに阿弥陀仏となられ、迷えるわれわれが浄土に生まれるために必要なすべての条件を整えた「南無阿弥陀仏」の名号を成就して、私たちのためにこれを回向されているということです。

いのちあるものはすべてもろく、はかなく、そして必ず滅びます。このことは他人事ではなく、だれもが迎える紛れもない事実です。しかし、「できるならば避けたい、まだまだ先のこと」として、なかなか私のこととして受け入れがたいものです。これは自身ではどうすることもできない問題です。決して思い通りにはなりません。このように思い通りにならないという苦しみを抱えた存在を、親鸞聖人は「煩悩具足(ぼんのうぐそく)の凡夫」「罪悪生死(ざいあくしょうじ)の凡夫」と言い当てられました。そして、愚者であるこの私を「必ず救う」「まかせなさい」と常によびかけ、見護(まも)り、支え、導きつづけているはたらきがあるのだと、親鸞聖人はわれわれに語りかけているのです。それが「南無阿弥陀仏」なのです。

五、親鸞聖人のご生涯をたずねて

ここで親鸞聖人とはどのような人物であるのかを知るために、親鸞聖人のご生涯をたずねてみましょう。

誕生と出家

親鸞聖人は、一一七三年五月二十一日（承安三年四月一日）、京都の南、日野の里で誕生されたといわれています。このころは平安時代末期で、平氏と源氏が政権を激しく争った騒然とした時代でした。

親鸞聖人の幼少期はほとんどわかりませんが、九歳のとき伯父に付き添われて、慈鎮和尚慈円のもとで僧侶となるための得度の式を受け、出家されました。伝えられるところによると、その日はすでに夜が遅かったので、慈円から得度は明日にしましょう、と言われたそうです。すると、親鸞聖人は次の歌を詠まれたと伝えられています。

「明日ありと　思う心のあだ桜　夜半に嵐の　吹かぬものかは」

明日を待っていたならば、夜中に嵐が吹いて、満開の桜が散ってしまうこともあります。明日があるという保証はどこにもありません、という意味です。

私たちは、いまやるべきことを先延ばしにして過ごしてはいないでしょうか。親鸞聖人が詠まれたといわれる歌は、私たちにいまやらなければならないことを教えてくださっているのではないかと思います。

仏教の根本には、「あらゆるものは時とともに移り変ってゆく」という考え方があります。この世のいのちは無常であり、はかないものです。しかし、私たちは川岸に立って、流れゆく水を眺めているような態度になりがちです。自分もまた流れゆく水の一部分であり、時とともに移り変ってゆくのです。

さらに、いのちに限りがあると知っていても、その通り受け入れることは、なかなか容易なことではありません。親鸞聖人は自らのいのちの問題の解決を比叡山に求められたのです。

比叡山での修行

出家をされた親鸞聖人は、比叡山にのぼり、僧侶としての道を歩み始められました。以後二十年にわたって天台宗の学問と修行をされることとなります。比叡山は、伝教大師(でんぎょうだいし)（最澄(さいちょう)）によって開かれた仏道修行の根本道場です。比叡山では、戒律をたもつことによって精神を統一させ、さまざまな煩悩を制御し、智慧をみがいて仏になることをめざします。

親鸞聖人がそこでどのような修行をされていたのか、残念ながら詳しいことはわかりません。ただ聖人の妻である恵信尼さまが書かれたお手紙の中に、聖人が「堂僧（どうそう）」として修行に励まれていたことが記されています。

堂僧とは、常行三昧堂（じょうぎょうざんまいどう）で昼夜不断に念仏する僧のことをいいます。親鸞聖人は、比叡山でまじめに仏道修行に励んでおられたことと考えられます。

しかし、聖人は二十年にわたって真剣に修行したにもかかわらず、仏になる道を見出すことはできませんでした。これについて恵信尼さまが書かれたお手紙には、聖人は「生死出づべき道」を一筋に追い求められていたと述べられています。

仏教は、仏に成ること（さとり）を説く教えです。それは同時に生死（迷い）の束縛から解放されることを意味します。「生死」と表現するのは、生と死とを別々のものと考えていないからです。私がこの世にいのちを恵まれたということは、必ず「死」が訪れることとなります。しかも、だれもがいつ訪れるのかわかりません。また明日、いのちのある保障はどこにもありません。つまり、常に死と向かい合っている生なのです。だからこそ、私のいのちのよりどころを明らかにする必要があるのです。

親鸞聖人は、この生死の問題を自らの力によって解決することはできませんでした。一二〇一（建仁元）年二十九歳の時、ついに比叡山を下り、聖徳太子が創建した六角堂に参籠されました。親鸞聖人は聖徳太子を、日本のお釈迦さま（和国の教主）として尊敬されていたので、今後の歩むべき道を尋ねられたのでした。参籠してから九十五日目の明け方に、夢告を受けました。その夢のお告げに促され、親鸞聖人は法然聖人のところへ行かれたのです。

法然聖人との出遇い

私たちはさまざまな出あいを繰り返しながら、日々の生活を送っています。なかには人生を変えてしまうほどの出あいがあります。親鸞聖人にとって、法然聖人との出遇いがまさにそうでした。

親鸞聖人は二十九歳の時、幼い頃から二十年にもおよぶ比叡山での修行に終止符を打ち、京都東山の吉水で専修念仏の教えを説いていた法然聖人のもとを訪ねました。法然聖人が明らかにされた専修念仏の教えとは、阿弥陀如来の本願（生きとし生けるものを救おうという願い）を信じ、念仏を称えることによって、すべての人びとがひとしく救われる道です。

親鸞聖人が六角堂に参籠された後、この法然聖人のもとへ通われたのは百日間であったと伝えられています。雨が降る日も、日が照る日も、大風が吹く日も繰り返し聞法をつづけられました。このことは私たちに自力を捨てて、阿弥陀如来の救いにおまかせすること（他力）の難しさや、仏法を聴聞しつづけていくことの大切さを教えてくださっています。それは私たちがこれまで身につけてきた知識や、積み重ねてきた経験、正しいと考えている常識などに基づく言動や価値判断がまったくあてにならないものであったと気づかされることでもあります。

しかも聖人は「親鸞におきては」と、自身の問題として聞法されておられたこと、「ただ念仏して弥陀にたすけられまゐらすべし」とお勧めくださった恩師・法然聖人の言葉を全身に受け止め、絶対的に信頼しておられたことが考えられます。なぜならば親鸞聖人にとって、阿弥陀如来の本願以外に自身が救われる道を見出すことはできなかったからです。

したがって、阿弥陀如来の本願に出遇えた親鸞聖人のよろこびは格別なものでした。このことは主著である『顕浄土真実教行証文類』（『教行信証』）に、阿弥陀如来の本願には、いくたび生を重ねても出あえるものではなく、まことの信心はどれだけ時を経ても得られることではないと説かれ、愚かとしか言いようのない者が、阿弥陀如来の本願に今、遇うことによって、救われたよろこびを高らかに述べられています。

私たちもまた親鸞聖人に導かれ、阿弥陀如来の本願のなかに生かされていることを実感しつつ、日々の素晴らしい出あいを大切にしていきたいものです。

吉水時代

法然（源空（げんくう））聖人の門下に入った親鸞聖人は三十三歳の時、法然聖人の主著である『選択本願念仏集』の書写と、法然聖人の肖像画の制作を許されました。このことは親鸞聖人が、法然聖人より念仏の教えを忠実に受け継いだことを意味します。それは同時に、釈尊にはじまり、七高僧（龍樹菩薩、天親菩薩、曇鸞大師、道綽禅師、善導大師、源信和尚、源空聖人）へ連綿とつづいてきた阿弥陀如来の本願の歴史を継承したということです。

さらに法然聖人は自ら筆を執って、「綽空」という名前を親鸞聖人に書き与えました。「綽空」という名前は、道綽禅師の「綽」と源空聖人の「空」から付けられたものだと考えられます。これらの出来事を、親鸞聖人は喜びの涙を押えるほどうれしかったと語っています。

ところで法然聖人にはたくさんの門弟がいましたが、その真意を受けとめた者は、数少なかったのではないかと考えられます。それは親鸞聖人と同門の先輩たちとの論争から知ることができます。

親鸞聖人が「この善信（親鸞）の信心も、法然聖人の信心もまったく同じである」といわれたことを、先輩たちは「師である法然聖人は広く深い智慧や学識をお持ちである。智慧や学識が違えば、信心にも違いがあるはずだ」と反論しました。この論争はおさまりがつかなかったため、どちらの主張が正しいのかを法然聖人に仰ぐこととなりました。

すると法然聖人は、「この源空の信心も、阿弥陀如来よりたまわった信心である。善信房（親鸞）の信心も阿弥陀如来よりたまわった信心である。信心はただ一つである。もし異なった信心であるならば、源空がまいろうとしている浄土には、共に往くことはできないだろう」と説かれました。法然聖人は阿弥陀如来の大いなる慈悲に包まれ、共に救われていく念仏者の平等性を示し、親鸞聖人はその心をそのまま聞いていかれたのでした。

結婚

親鸞聖人の曾孫(そうそん)にあたる、本願寺第三代宗主(しゅうしゅ)の覚如上人(かくにょしょうにん)は、聖人のご生涯を『御伝鈔(ごでんしょう)』にまとめられています。『御伝鈔』には、聖人が六角堂の救世観音菩薩(くせかんのんぼさつ)から夢告を受けたと伝えています。その夢のお告げとは、「仏道を修める者が、女性と結ばれることがあるならば、私（救世観音菩薩）がその女性になりましょう。そして一生涯共に歩み、命が終わるとき極楽浄土に導きましょう」というものでした。この夢告によって、親鸞聖人は結婚されたと考えられています。

僧侶は元来、戒律によって結婚することを認められていませんでしたが、親鸞聖人は初めて公の場で結婚した僧侶となりました。親鸞聖人は結婚するにあたって、苦しみ悩み、法然聖人を訪ねたと伝えられています。そのとき法然聖人は、親鸞聖人に「念仏の妨げにならないようならば、決して結婚は問題にはなりません」と語られたそうです。法然聖人の言葉によれば、いかにお念仏を申す環境であるかが重要な問題であったのです。

そして、親鸞聖人は恵信尼さまと結婚され、家庭生活を送りながら、その中で夫婦が共に念仏の道を歩んでいく意味を尋ねていかれたのです。「共に念仏の道を歩む」とは、浄土真宗の根本所依(しょえ)の経典である『仏説無量寿経』に、「当相敬愛(とうそうきょうあい)」という言葉があるように、「敬う」ことと「愛する」ことを両立させることです。

私たちの人生においては、このことを両立させることはなかなか難しく、「私のために相手がある」と考えてしまいがちです。そうではなく、「当相敬愛」という言葉は、「相手あってこその私」であると、相手を敬い愛する生き方の大切さを教えてくれています。実際、恵信尼さまも終生、夫である親鸞聖人を観音菩薩の化身であると敬いつづけられていたことが、お手紙に残されています。

承元の法難

親鸞聖人は、法然聖人のもとでの聞法生活を長く続けることができませんでした。法然聖人の教えがひろまるにつれて、比叡山や奈良の旧仏教（顕密仏教）教団からの反発が強まっていったからです。

延暦寺は、天台宗の最高権威である座主の名前によって、専修念仏を批判しました。また、法然聖人の教団内においても念仏の教えを誤って解釈した者もいたため、その者たちの行為が非難を集める結果となりました。そこで法然聖人は一二〇四（元久元）年十一月、非難を回避するため、自ら比叡山に起請文を送り、門弟たちには、七箇条にわたる制誡を定めました。これには阿弥陀仏以外の仏・菩薩をそしってはならないことや、罪を犯しても恐れることはないと説いてはいけないことなどが記されていました。親鸞聖人は、「七箇条制誡」に念仏集団の一員として「僧綽空」と署名しています。

この制誡によって、専修念仏に対する批判は、ひとまず落ち着きました。しかし、一部の門弟はこれを不服として抗議する者もいたことから、専修念仏への批判は再燃しました。一二〇五（元久二）年十月、奈良の興福寺から朝廷に訴訟状が提出されました。これは「興福寺奏状」といわれるもので、専修念仏を停止させることを目的に、旧仏教（顕密仏教）から見た念仏の教えの過ちが列挙されていました。朝廷はこの訴状に対する審議を慎重に行いましたが、ある出来事を境に、専修念仏停止の院宣を下したのです。それは法然聖人の門弟、住蓮房と安楽房をめぐる事件が原因であったとも伝えられています。

一二〇六（建永元）年十二月、後鳥羽上皇が熊野に参詣中、たまたま住蓮房や安楽房が催した念仏の集会に、上皇に仕えていた女官が参加し、上皇の許しを得ずに出家をしました。このことを知った上皇は激怒し、社会の風紀を乱すとして念仏を禁止するとともに、住蓮房や安楽房など四人を死罪に処したのです。また法然聖人は四国へ、親鸞聖人は藤井善信（よしざね）という俗名をつけられ、越後（現在の新潟県）へ流されました。これが二人の今生の別れとなりました。親鸞聖人三十五歳のときでした。この事件は、「承元（じょうげん）の法難（ほうなん）」と呼ばれています。怒りや怨みは、真実を見えなくしてしまうのです。

非僧非俗・愚禿の名のり

朝廷から念仏停止の命令が下され、法然聖人の教団の主要な人物が死罪や流罪に処せられた承元の法難について、親鸞聖人は正当な裁判に基づくことなく、朝廷の怒りや怨みから発動したものであると考えました。

このことを主著である『教行信証』に記すことによって、旧仏教（顕密仏教）ではその修行によってさとりを開くことが困難になってしまった末法の時代に、専修念仏を批判する人々の誤りを示すとともに念仏の教えの持つ真実性を明らかにすることで、だれもが救われていく道が閉ざされないようにされたと思われます。

また親鸞聖人は単に僧籍を剥奪されたのみならず、自らも「非僧非俗（ひそうひぞく）」を宣言されました。「非僧」とは国家によって公認された僧への否定であり、「非俗」とは世俗に埋没する生活を送るのではなく、本来の仏教徒（念仏者）をめざすという意味です。このことは自らを「愚禿」と名のられたことからも明らかです。

さて、親鸞聖人が流罪でたどり着いた地は、新潟県上越市の居多ヶ浜（こたがはま）であるといわれています。日本海の大海原は、生涯忘れることのできない光景であったと思われます。

海は広々としていて、おだやかであったり、荒れ狂ったり、さまざまな表情を見せます。そのような海を見て、親鸞聖人は何を思われたのでしょうか。海から遠い京都で過ごされてきた聖人が、越後にあって実際に海を見られたという経験は、自身の著作の中にも反映されたと考えられます。「正信念仏偈」（「正信偈」）には、「本願海（ほんがんかい）」「群生海（ぐんじょうかい）」「海一味（かいいちみ）」「大宝海（だいほうかい）」「大智海（だいちかい）」と、「海」という字を五か所も見ることができます。

　海は清らかでも濁っていてもすべての川の水を受け入れ、そしてすべての水を同じ塩辛い一つの味にするはたらきがあります。それと同じように阿弥陀如来は、すべてのものを分け隔てなく包み込んでくださいます。海辺に立たれ、海の無限のはたらきの中に阿弥陀如来の広大無辺のはたらきを感じとられたことでしょう。親鸞聖人にとって越後での生活は、お念仏の味わいを一層深める場となったのです。

関東時代

越後（新潟県）に流罪となった親鸞聖人は一二一一（建暦元）年十一月、赦免されます。その翌年一月二十五日には法然聖人が往生されました。幼い子どもを抱えていた親鸞聖人は、京都には帰らず、しばらく越後にとどまり、やがて妻子を伴って関東へ赴かれました。京都へ戻らなかったのは、法然聖人の遺言に「門弟は一か所に群がってはならない」とあり、これを守ろうとしたからではないかと考えられます。

四十二歳になった親鸞聖人は、上野国（群馬県）佐貫で人々を救うため浄土三部経を千回読もうとしたことがありました。おそらく疫病や飢饉で人々が苦しむ姿を目の当たりにされ、居ても立ってもいられなくなったのでありましょう。しかし、途中でこれを断念されます。親鸞聖人は、「名号（南無阿弥陀仏）を称えるほかに何の不足があって、お経を読もうとしているのか」と思い直されたのです。念仏を申す人生は、すべての人々を救おうと願われている阿弥陀如来の平等の慈悲心とのつながりに気づかされます。本当に人を救えるのは、仏さまのみ心のみであることを深く自覚されたのです。

二十年にもおよぶ親鸞聖人の関東での生活の中で、一番長く住まわれたのが常陸国（茨城県）稲田の草庵でした。稲田は主著『教行信証』の執筆を始められた地でもあります。

常陸国は旧仏教（顕密仏教）の寺院に加え、鹿島神宮もあり、必ずしも念仏の教えが歓迎されたわけではありませんでした。念仏が広まるのを妬む者もいました。山伏の弁円は板敷山で聖人を待ち伏せし、命を狙おうとしました。しかし、聖人は弁円を穏やかに迎え入れ、教化されたといわれています。念仏者となった弁円は、明法房と名のります。のちに明法房の往生を知った親鸞聖人は、「うれしく思います」と語られました。親しい方の死を「うれしい」と受けとめることができるのは、念仏を申す人生を歩んだ者が、この世の縁の尽きるとき浄土に生まれ、すぐさま仏さまに成られるからです。浄土真宗の教えには、悲しさのみでは終わらない尊さがあるのです。

一切経校合と箱根霊告

親鸞聖人は二十年にわたり住まわれた関東の地を去る少し前、鎌倉では鎌倉幕府第三代執権の北条泰時の命で、「一切経」五千余巻の書写が行われました。「一切経」とは経典を集成した総称のことで、その書写は源頼朝の妻である北条政子の十三回忌の供養として行われました。書き写した経典に誤りがないかどうか、その原本と照らし合わせる作業を校合（きょうごう）といいますが、校合には多くの僧侶が携わっていました。親鸞聖人もこの作業に従事していたことが、聖人の曾孫にあたる本願寺第三代宗主の覚如上人が著した『口伝鈔』（くでんしょう）に記されています。この作業の最中、魚や鳥肉の料理が出たそうですが、親鸞聖人だけは袈裟を着けたまま食事をされていました。その理由を尋ねられると、「犠牲になった魚や獣を救いたいと思うが、私には救う力はありません。袈裟は仏のさとりに至る標識ですから、これを着けて食事をすると、袈裟がもつはたらきによって救ってあげられるかも知れません」と答えたといいます。親鸞聖人は、人間だけではなく生きとし生けるものすべてを視野に入れ、仏法を説かれていたことが伝わってきます。また、私たちはさまざまないのちをいただいて、生きつづけていることを忘れてはなりません。

さて、親鸞聖人は関東から京都に帰る途中、明け方近くになって箱根神社（箱根権現（ごんげん）にたどりつきました。そこで聖人が一軒の家に寄って声をかけたところ、年老いた神官が出迎えてくれました。神官は、聖人に「先ほど夢に箱根の神さまがあらわれて、私の尊敬するお方が来られるので、大切におもてなしをしなさいとお告げがありました。そのすぐ後に、あなたがおいでになったのです」と言って、ご馳走して丁寧にもてなしてくれました。このことは覚如上人が著した『御伝鈔』に述べられています。この箱根権現の話を通して、神々が念仏者を敬い守ることが示されているのです。

『教行信証』の完成

親鸞聖人は六十二歳（あるいは六十三歳）の頃、関東から京都へ帰られました。多くの門弟たちのいる関東を離れ、京都に移られた理由については、亡き師である法然聖人のもとを慕ってのためという説や、故郷が恋しくなったからだという説や、一二三五（文暦二）年に鎌倉幕府が出した念仏者への取り締まりの影響だという説など、いろいろな説が出されています。しかし、帰洛の年代やその理由について述べられた史料がないため、明確なことはわかりません。

ただし、親鸞聖人が京都に帰られてからの大きな業績として、関東在住の間に、ほぼその原型ができていたと考えられる『顕浄土真実教行証文類』（『教行信証』）の完成を挙げることができます。聖人は主著である『教行信証』を何度も加筆訂正され、実に二十年以上の歳月をかけて書き上げられました。

『教行信証』は、三つの序文（「総序」「別序」「後序」）と「教巻」「行巻」「信巻」「証巻」「真仏土巻」「化身土巻」の六巻から構成されています。

内容を簡略に紹介すると、「教巻」には、真実の教えとは釈尊の説かれた『大無量寿経』であり、釈尊は私たちに阿弥陀如来の本願を説くためにこの世に現れられたということを明らかにされています。次に「行巻」では、私たちを浄土に往生させる行とは「南無阿弥陀仏」という名号を称えることであり、「信巻」では、私たちを浄土に往生させる根拠とは、阿弥陀如来から恵まれる「信心」であり、その名号と信心とは阿弥陀如来からたまわったものであることが顕されています。また「証巻」では、私たちが阿弥陀如来の本願のはたらきによって浄土に生まれて仏と成り、迷いの世に還って人々を教化することが説かれています。「真仏土巻」では、真実の世界である浄土は阿弥陀如来の光明に満ちあふれ、その寿命に際限がないことが示されています。ここまでの五巻を、浄土の真実を明らかにすることから真実の巻とも呼びます。そして最後の一巻である「化身土巻」は、真実の巻に対して方便の巻とも呼ばれ、釈尊が仮に説かれた教えと仏教以外の宗教を明らかにされています。

なお浄土真宗を代表するお勤めとして広く親しまれている「正信念仏偈」(「正

信偈」）は、「行巻」の最後に示されています。親鸞聖人が、阿弥陀如来の本願のはたらきによって救われたよろこびから作られました。「帰命無量寿如来　南無不可思議光」には、聖人ご自身の阿弥陀如来への帰依のおこころが述べられています。

親鸞聖人と関東の門弟たち

親鸞聖人が京都へ帰られた後の関東では、聖人から教えを受けた門弟たちを中心に、地域的な結合による念仏集団を形成していました。性信房を中心とした横曽根門徒（下総国・現在の茨城県）や、真仏房・顕智房を中心とした高田門徒（下野国・現在の栃木県）、順信房を中心とした鹿島門徒（常陸国・現在の茨城県）などを挙げることができます。聖人は晩年、これらの門弟たちへたくさんのお手紙（御消息）を送られています。

親鸞聖人は、念仏者はみな同じ仲間（同朋）であるから、師弟の上下関係によって結ばれる組織化した教団の形成を望もうとされていませんでした。聖人が往生した後に成立した『歎異抄』には、「親鸞は弟子一人ももたず候ふ」（親鸞は、弟子は一人ももっていません）と述べられています。それは私の力によって人に念仏を申させているのであれば、その人を私の弟子だともいえますが、すべて阿弥陀如来の本願のはたらきによってお念仏を申しているので、自分の弟子であるなどということは、とんでもないことだからです。したがって、これらの門徒集団は、お念仏を共によろこぶ仲間であると位置づけることができます。

しかし、念仏者の中には教えを誤って理解している者も多くおりました。親鸞聖人の教えとは異なる考え方を浄土真宗の教えとして主張することを「異義」といいます。異義には、造悪無礙や専修賢善がありました。造悪無礙とは、どんなに悪いことをしても念仏すれば罪は消え、往生の障(さわ)りとはならないという考えです。また専修賢善とは、ただ念仏を称えることに満足できず、善い行いをすることで浄土に往生しようとする主張です。

このような念仏の教えについての誤った解釈がはびこっていたため、関東では深刻な状況に陥っていました。そこで思い悩んだ関東の門弟たちは、極楽浄土への道を聞くため、京都に住む親鸞聖人に直接会って、教えを聞こうとする者も現れました。当時の関東から京都までの道のりは大変厳しく命がけの旅であったと伝えられています。

これらの念仏者たちに、親鸞聖人は「親鸞におきては、ただ念仏して弥陀にたすけられまゐらすべし」(この親鸞においては、ただ念仏して、阿弥陀仏に救われ往生させていただくのである)とお勧めくださった恩師・法然聖人の言葉を語られました。親鸞聖人は自分自身の問題として聞法されておられました。聖人と同じように、この私自身は何によって救われるのか、自分自身の問題として教えを受けとめていくことが大切です。

晩年と往生

親鸞聖人は晩年、生涯で最も心を痛める事件がありました。それは息男の慈信（じしん）房善鸞（ぼうぜんらん）が親鸞聖人の説かれる教えとは異なる説を唱えたために、善鸞を義絶し、親子の関係を絶ってしまったことです。

親鸞聖人の伝記には、関東の門弟間で浄土真宗の教えに対する意見の対立があり、混乱が生じていたため、それを解決させようと、聖人はご子息の善鸞を関東へ派遣したとされています。しかし、善鸞によってかえって事態は深刻化します。

親鸞聖人が善鸞に宛てた義絶状には、善鸞は阿弥陀如来の本願を「しぼめる花」

だと言い、念仏は頼りにならないと主張していたことが述べられています。また、自分の正当性を強調するあまり、夜中に父・親鸞から自分だけに特別な教えを伝授されたとあります。さらに親鸞聖人の門弟を、罪を恐れず悪行を重ねる者だと鎌倉幕府へ訴えたともいわれています。そのため関東の念仏者たちは大変混乱しますが、性信房（しょうしんぼう）が訴訟の対処にあたり、解決するに至りました。

これについて親鸞聖人は、たとえ親子でも間違った教えを人々に説くことは許すことができず、聖人八十四歳のとき、善鸞を義絶されたのです。聖人も私たちと同じく家族の問題を抱え、大変なご苦労とつらい思いをされていたことが伝わってきます。なお、性信房をねぎらう聖人のお手紙の中には、「わが身の往生（おうじょう）一定（いちじょう）とおぼしめさんひとは、仏の御恩（ごおん）をおぼしめさんに、御報恩（ごほうおん）のために、御念仏（おんねんぶつ）こころにいれて申して、世のなか安穏（あんのん）なれ、仏法（ぶっぽう）ひろまれとおぼしめすべし」（自身の往生は間違いないと思う人は、仏さまのご恩を心に思い、そのご恩に報いるために心をこめて念仏し、世の中が安穏であるように、仏法が広まるようにと思われるのがよろしい）と綴られています。

また親鸞聖人は、「目もみえず候ふ。なにごともみなわすれて候ふ」（もう目もよく見えません。いろいろなことも忘れてしまいました）、「としきはまりて」（年老いてしまいました）と語られながらも、精力的に門弟の質問に答えられていきました。さらに「浄土にてかならずかならずまちまいらせ候ふべし」と、やさしく門弟たちへ呼びかけられています。聖人が「浄土で必ず待っている」と喜ばれているのは、阿弥陀如来による確かな救いにあずかっているからにほかなりません。

そして一二六三年一月十六日（弘長二年十一月二十八日）、弟・尋有の坊舎で末娘の覚信尼さまらに見守られながら、九十歳で往生されました。波乱に満ちた生涯でしたが、お念仏に生きられた人生でした。

六、親鸞聖人の教えに生きる

親鸞聖人の魅力とは

みなさんは親鸞聖人のどこに魅力を感じましたでしょうか。親鸞聖人は、自身を「凡夫」であるとごまかすことなく、自己をみつめられ、しかも結婚をされて、家庭生活を送りながら、念仏の道を歩まれました。親鸞聖人の教えは、生活そのものと全く矛盾することがないこと、また念仏の道に生きることそのものが、煩悩をかかえたまま仏に出遇うことを意味しています。つまり、生活がそのまま仏道としての意味をもつことに、親鸞聖人の生き方、念仏者の生き方があるのです。

先ほどは「親鸞聖人のご生涯」についてお話をいたしましたが、それは親鸞聖人を単に歴史上の人物として史実や事績を学ぶことに力点を置いたわけではありません。親鸞聖人のご生涯を学ぶということは、親鸞聖人の教えに基づきながら、この私の人生に照らし合わせ、「生死」の問題を自身の課題として受けとめ、歩んでいくことに意義があり、これこそ念仏者としての生き方として大切なのではないかと考えます。それは常に「まこと」とは何かをたずね、その「まこと」をよりどころとして、「まこと」を仰ぐ生き方であります。

親鸞聖人は、法然聖人との出遇いによって、自身が救われる道を見出されました。しかも「親鸞におきては」と、自身の問題として法然聖人の説法を聞法されておられました。

「親鸞におきては、ただ念仏して弥陀にたすけられまゐらすべしと、よきひと（法然）の仰せをかぶりて、信ずるほかに別の子細（しさい）なきなり」（『歎異抄』第二条）

この親鸞においては、「ただ念仏して、阿弥陀仏に救われ往生させていただくのである」という法然聖人のお言葉をいただき、それを信じているだけで、他に何かがあるわけではありません。

私たちもまた自身の問題として、「ただ念仏して弥陀にたすけられまゐらすべし」と教えを聞いていくことが肝要であります。人生のよりどころとして、「ただ念仏」をいただいていけばいくほど、私たちはあらゆる煩悩をそなえた凡夫であり、この世は燃えさかる家のようにたちまちに移り変る無常の世界であって、すべてはむなしくいつわりで、「まこと」といえるものは何一つもないことに気づかされてきます。

「煩悩具足の凡夫、火宅無常の世界は、よろづのこと、みなもつてそらごとたはごと、まことあることなきに、ただ念仏のみぞまことにておはします」(『歎異抄』後序)

「ただ念仏」を「まこと」として仰ぐ人生の中に、この世もこの自身のありようにも気づかされ、また、この世もこの私自身も無常を生きていることが自覚されてきます。このように社会も私の身のまわりも、そして私自身も絶えず移り変わっていて、いつまでも同じであることはありません。しかし、このような移り変わる世の中で限りあるいのちを生きている私たちに、決して壊れることのない確かなまなざしが向けられています。だからこそ、いまを生かされて生きているいのちは尊く、また有難いと感じられてくるのではないかと考えます。

親と子は同い年

では、これからは私の実生活の経験談を交えながら、親鸞聖人の教えをいただいていこうと思います。私の家族は、妻と長男の三人です。長男が誕生し、親にならせていただきました。親に「なりました」ではなく、「ならせていただきました」と表現したのは、子どもが生まれてこなければ、親になることができなかったからです。

以前、お世話になっている方から「お子さんと親は同い年です。お互いに学び合いましょう」という言葉をいただきました。これから子どもを育てていく過程において、親子が苦楽を共にすることによって、本当の親にならせていただき、本当の子どもになっていくのだと思いを新たにしたことでした。それと同時に、子育てを経験して初めて、両親が自分にしてくれたことへの有り難さに気づかされました。

生まれてきたばかりの赤ちゃんはよく眠ります。すやすやと眠ることで、すくすくと育つのでしょう。まだ立つことも座ることもできなかったときは、あくびをしたり、両手を上にあげて手足を動かしたり、いろいろなしぐさを見せてくれました。

また赤ちゃんは、声の質や強弱を変えて泣きつづけます。夜中であろうと時間に関係なく泣くため、親は睡眠不足になりがちです。そのためこれまで築いてきた生活のリズムは崩れ、わが子に対して「早く泣きやんでほしい」「夜中に起きなければいいのに」などといらだち、ついつい愚痴をこぼしてしまいます。しかし、赤ちゃんは自分の状態をまわりへ訴えかけて、世話をしてもらわなければ生きていくことはできません。それにもかかわらず、自己中心的なものの見方をしていることは、このような事実を抜きに判断してしまっているのです。何よりも自己を優先としてしまうのが私の姿なのです。

さらに夫婦二人が向き合って子育てをしているつもりでも、「一生懸命頑張っているのに」「こんなに我慢しているのに」などと、お互い誤解や思いのすれ違いが生じたりもします。そのようなときは、たいてい自分の思いを、一方的に相手に押しつけているものです。相手と向き合い、相手の立場に立っているつもりでも、実際には自分の都合に合わせて物事を判断してしまっているのです。自分の思い通りに生きようとすると、必ず思い通りにはならないという苦しみが生まれてきます。したがって、お互いが向き合うだけでは十分ではなく、お互いがそろって同じ方向を向いて歩んでいくことが大切なのです。それは私たちに、生きることの意味と、その方向性をお教えくださる阿弥陀如来に向き合うことで気づかされることです。

母の慈愛に抱かれて

浄土真宗の教えでは、阿弥陀仏と私たちの関係を考えるとき、阿弥陀仏を「親」に、私たちを「子」にたとえることがあります。親にならせていただき、身をもってその意味に気づかされます。

それはわが子が妻のおなかの中にいるときから感じられることでした。わが子の誕生を今か今かと待ち遠しく、おなかに向かって話しかけたり、あいさつをしたりしたものです。親は子どもが生まれる前から、子どものことを大切に思うものであると実感する中に、阿弥陀仏が私たちをわが子のように、かけがえのない大切な存在として見守ってくださっていることが重なってきました。

阿弥陀仏は、苦しみ悩み傷つけ合うあなたを救わなければ、決してさとりを開かない、という堅い決意を誓われました。これは阿弥陀仏が私たちの親になるという決意です。この決意を支えるのは、生きとし生けるものすべてを迷いから救いたいという深い願いです。

さらに親は子どもがたとえどこにいたとしても、いつでも子どものことを心配しています。また、親は子どもから「どうか私を育ててください」と頼まれなくても、子育てをしています。

お念仏を申すことは、このような親子の関係と同じようなものです。阿弥陀仏は常にこの私を心配し、「われにまかせよ、必ず救う」とよびかけておられます。そのよび声は、私が阿弥陀仏に対して、「どうか助けてください」とお願いしなくてもはたらきかけてくださるものです。また、「救ってください」とお願いする必要もありません。

阿弥陀仏のよび声に対する、「おまかせします」という信心は、そこに「南無阿弥陀仏」がはたらいているということなのです。

おそだて

わが子はやがて母親を「ママ」と呼べるようになります。だれもが初めからママとよんでいたわけではありません。幼い子どもが母親のことを「ママ」と呼べるようになったのは、子どもが言葉を話せる前から、母親がわが子に「ママだよ。私はここにいるよ」と、たっぷりと愛情を注いでよびつづけてきたからにほかなりません。これと同じように、阿弥陀仏は私たちが念仏を称える以前から、いつも私に「南無阿弥陀仏を称えておくれ。私はここにいるよ」と、大いなる慈悲の心をもって、よびつづけておられたのです。

つまり、だれもが初めから手を合わせ、お念仏を申せたわけではありません。親しい方、お念仏を大切に受け継がれてきた方、さまざまな方に見護られ、支えられ、導かれているからこそ手を合わせ、お念仏を申す身にそだてられていくのです。

このように阿弥陀仏はあらゆるいのちを分け隔てることなく、わが子として見てゆかれます。

しかし、私たちはあらゆる子どもたちを分け隔てることなく、わが子として見ることはできません。ここに親とたとえたときの阿弥陀仏と私たちとの大きな違いがあるのではないかと考えます。つまり、子どもを見る対象の広さに大きな違いがあるということです。これについては、次のような経験をしました。

待機児童の問題

長男が一歳を迎えるころのことです。妻は育児休業を終え、職場に復帰することになりました。ところが、子どもを預ける保育所がどこも満員で、入所する施設が見つかりません。私の居住地域では、社会問題になる以前から「待機児童」の問題が深刻化していました。待機児童とは、保育所へ申し込みをしたものの、施設が不足しているため入所ができない児童のことをいいます。

近くの保育所に見学に行くと、どの保育所も定員を超えている状態で、空きがありません。また浄土真宗の教えに基づいた保育所も考えましたが、近くにはありません。移り住むと、妻も私も勤務地から遠くなり、わが子をすぐに迎えに行くことができません。通勤に便利な所に住もうと思うと家賃が高く、なかなかそうはいきません。

保育所が決まらずに、妻が職場に復帰する時期が近づいてくるにつれて、高いお金を払って国の基準を満たさない無認可施設に預けるか、妻に仕事を辞めてもらうか、私が育児休業するか、いろいろと悩みました。

そんなとき、見学をした保育所から欠員が出たとの連絡があり、急遽入所を決め、安堵しました。しかし、よくよく考えてみると、その安堵とは、わが子以外の子どもの存在を忘れてしまって、自分のことしか考えずに喜んでいる姿でした。わが子の入所は決まっても、待機児童の問題は何も解決していないのです。

さらに保育所が決まると、通所までの道のりが不便に感じ、引っ越しをしたいと思うようになり、引っ越しをするからには、今よりももっと広い家に住みたいと考えるようになりました。このようなことは、保育所が決まるまでは思いもしませんでした。私たちの欲は、次から次へと起こり、際限がないものです。

自己中心的な生き方

また、私たちは自分の好ましいものを欲しがり、自分の嫌なものを排除しようとします。自分の好ましい声には耳を傾けたり、自分を批判する考えには間違っていると思ったりもします。私たちは自分の言動を正しいと思い込み、自己中心の考え方で、ものごとを見てしまい、「まこと」とは何かがわからなくなってしまうのです。

「まこと」を知ることは、極めて難しいことです。なぜならば、私たちはいつも自己中心的な「色めがね」をかけ、自分の都合に合わせた「ものさし」によって価値判断をしてしまうからです。自分はありのままに苦しみの実相を見ているつもりでも、自分の都合の良いように見ていたり、自分がこれこそ苦しみを超える道だと主張していても、自分の知識や経験を通して価値判断していたりするに過ぎず、自分と他人とを区別し、自分を正当化している行為であるといえます。

また豊かな才能があったとしても自負心が過ぎると、人と摩擦を生じさせ、嫉妬を招きやすくしてしまいます。苦を超えるはずが競争心をかきたて、争いのただ中に陥ることさえあるのです。

「凡夫といふは、無明煩悩われらが身にみちみちて、欲もおほく、いかり、はらだち、そねみ、ねたむこころおほくひまなくして、臨終の一念にいたるまでとどまらず、きえず、たえずと」(『一念多念文意』)

このように私たちは欲望や、怒り、腹立ち、嫉み、妬むこころが多く、そのこころがつねにとどまることもなく際限なくわき起こってきます。それが消えることもなく絶えることもなく、いのちが尽きるまでつづく人を、「凡夫」といいます。つまり凡夫とは、真理をさとらず、煩悩に束縛されて、六道の迷いを輪廻する者、深い闇を抱えている者のことで、親鸞聖人は、「罪悪深重・煩悩熾盛(しじょう)の衆生」「罪悪生死の凡夫」「煩悩具足の凡夫」「煩悩成就の凡夫」などと表現されていま す。親鸞聖人はご自身も含めこのような「まこと」から遠い存在である凡夫にふさわしい教えとは何かを追い求められました。その教えとは『大無量寿経』に説かれている阿弥陀仏の本願にほかならないとされたのです。

なぜ阿弥陀仏なのか

さて、阿弥陀仏の「阿弥陀」とは、音写語であり、インドの言葉をその発音のまま表記したものです。阿弥陀の原語は、サンスクリット語では、「アミターバ」あるいは「アミターユス」といいます。アミターバとは、アミタ（量り知れない）とアーバー（光）を合成した言葉です。つまり、「量り知れない光」「無量光」を意味します。

親鸞聖人は、阿弥陀仏の光明のはたらきを何ものにも遮られることなく、あらゆるいのちに至り届き、私たちの深い煩悩の闇を照らして、私たちを常に摂め取って、休むことなく護りつづけてくださっていると説かれています。

この光明と闇との関係性は、決して時間的な前後があるわけではありません。まず闇があって光明が照らすことで、闇が消えるということではなくて、闇は光明に照らされてはじめて闇が闇であったと自覚されるということです。つまり、阿弥陀仏の光明のはたらきは、闇を闇であると知らなかった自己存在そのものが、深い闇を抱えていると知ることによってはじめて成立するのです。このように深い闇を抱えている凡夫には、何ものにもさまたげられることのない光明をもってでしか救われようがないということです。

また、もう一つのアミターユスは、アミタ（量り知れない）とアーユス（いのち）とを合成した言葉です。アミターユスとは「量り知れないいのち」「無量寿」を意味します。

私たちのいのちには、限りがあります。限りあるいのちであることを、限りないいのちによびさまされ、いのちの根源にめざめていくところに、無量寿である阿弥陀仏との出遇いがあるのです。限りある私のいのちを支えている量り知れないいのちとの出遇いは、同時に生きとし生けるものすべてのいのちとのつながりに気づかされます。あらゆるいのちとつながっている私であり、あらゆるいのちの一端を担っている私でもあります。そしてあらゆるいのちは、みな同じ願いを向けられているという連帯性を感じることができるのです。このように限りあるいのちは、量り知れないいのちによってでしか救われようがないということです。したがってなぜ、阿弥陀仏なのか。それは「無量光」「無量寿」の阿弥陀仏の救いのめあてが、ほかでもない深い闇を抱えているこの私、限りあるいのちを生きているこの私だからなのです。

いのちが危ない

さて、いのちには限りがあるということ、必ず人は死んでいくということを、身をもって知らされる出来事がありました。私はＩｇＡ腎症という難病を患っています。腎臓の機能が低下していく病気です。その年は記録的な猛暑日がつづき、大変暑い夏でした。実家の北海道も例外ではなく、猛暑の中、ご門徒のお宅のお盆参りをしていました。

日を追うごとに気温や疲労のせいからか、身体にだるさを感じてきていました。それ以前からも耳が聞こえづらくなってきたことや、毎朝二時間近くかかる満員電車による通勤に疲れ果てていましたが、その他は病気の症状が進行しているという自覚症状はありませんでした。

ところが、お盆参りを終えて北海道から横浜の自宅へ帰ってくると動けなくなり、翌朝は目を開けることもできず、身体を起き上がらせることもできませんでした。まぶたや顔は膨れ上がり、腕も足もお腹もむくみ、とても重くて動けませんでした。いつも当たり前にしていることが当たり前にできなくなっていました。そのため急遽、妻が当時、小学校一年生の長男を連れ添って、私を病院まで運んでくれました。

病院に到着すると、顔なじみの看護師さんがいましたが、その方は私の姿を見るだけでは私であることに全く気づけなかったそうです。それくらい風貌が変わっていました。また、医師や看護師から症状の質問をされました。その質問に対して、きちんと応えているつもりでしたが、医師や看護師は私が何を言っているのか、よくわからなかったそうです。受け答えができるような状態ではありませんでした。医師の指示によって、検査を受けると、肺には水がたまり、心臓は肥大して、脳に障害を及ぼす危険性があるという結果が出てきました。また、症状も次第に悪化してゆき、むくみやだるさのほかにも吐き気、嘔吐、食欲不振、極度の高血圧、頭痛、寒気、息苦しさ、呼吸困難、けいれん、意識障害が起こってきました。その後、手術や治療を受けることで容態が落ち着き、医師は「あのとき、あなたのいのちは危なかった」と教えてくれました。

いのちの危険性があったとき、私はその事実を理解できていませんでしたが、妻や長男は見たこともない表情を浮かべていたことを覚えています。長男は「パパ、いなくなっちゃうの」と泣き崩れるほどでした。そのように心配してくれて

いる家族に対し、いのちの危険性を告げられた私は、ただベッドに横たわってい
ることしかできず、自分のいのちは自分ではどうすることもできないということ
を痛感しました。それと同時に、阿弥陀仏の「われにまかせよ」というよび声が
何よりも頼もしく聞こえてきたのです。

病による気づき

これまで「生かされて生きているいのち」であると聞かされてきたけれども、
たまたま無量無数のご縁によって条件が整って、いのちがつづいてきたことを実
感しました。そして未来のいのちの保証は何もないわが身であるからこそ、生か
されて生きているただいまを大切に生きなければならないと身をもって自覚しま
した。それと同時に実は「あなたのいのちは危ない」と常日頃から告げられてい

ること、それは私に限らないことに気づかされました。自らのいのちの問題は、決して自らで解決することはできないのです。

おかげさまで医師の適切な治療によって一命を取り留めることができましたが、いまでも治療を続ける日々を送っています。しかし、今まで以上に家族と共に得難い日々を送らせてもらっていると感じるようになってきました。これまでは子どもが小さいこともあり、子どもの寝顔を見ながら出勤し、帰宅したころには子どもが寝ているという生活でした。休みもほとんどありませんでした。そのため家族と接する日はほとんどありませんでした。しかし、妻は献身的に看病をしてくれ、長男は「パパ、大丈夫？ またパパと一緒に過ごしたい」といつも言って、励ましてくれました。病気と向き合うことによって、これまで味わうことのなかった学びが得られ、これまで見向きもしなかったものと向き合い、貴重な体験をしていることを感じています。

病は決して人生のマイナスではなく、病といかに上手く付き合っていくのか、また病によって人生をいかに豊かにしてくれるものであるのかを実感しています。

決して他人事ではなく、自らの課題として思い通りにはならない「老病死」をみつめ、この問題をどのように受け入れ、乗り越えていくかということを、親鸞聖人の教えに聞いていきたいものです。

生きる支え

親鸞聖人の教えは、私が念仏したから阿弥陀仏が救ってくれるというものではありません。私が阿弥陀仏に手を合わせ、念仏を称える前から、阿弥陀仏は私に念仏するようはたらきかけ、よびかけておられたのです。「われにまかせよ、必ず救う」と。

阿弥陀仏の救いは「摂取不捨」です。親鸞聖人は、『浄土和讃』（国宝本）に摂取を「摂(おさ)めとる。ひとたびとりて永く捨てぬなり。摂はものの逃ぐるを追はへとるなり。摂はをさめとる、取は迎へとる」（左訓）と解釈されています。阿弥陀仏は私を摂めとって決して捨てることはありません。背を向けて逃げまどう私を見放すことなく、私のすべてを見通されて、私をどこまでも追いかけて抱きとめてくださるのです。これこそ阿弥陀仏のはたらきであり、これが他力なのです。ただ念仏のみぞ「まこと」であるという言葉は、力強く生きる支えとなって、私を常に励まし、導きつづけてくださっているのです。

あとがき

本書は、武蔵野大学日曜講演会と公益財団法人仏教伝道協会「仏教初心者講座」での講演原稿に加筆し、編集したものです。武蔵野大学日曜講演会は平成二十七年九月十三日に、仏教伝道協会の講演は平成二十八年七月八日に東京都内のそれぞれの会場で行いました。

武蔵野大学日曜講演会は、地域に根差した伝統ある公開講演会で、学院長の田中教照先生よりご依頼を賜りました。その内容は、本書の初めから四章が相当します。当日は二百名くらいの市民の方に聴いていただき、講演後は非常に感激し、その場に立たせていただいたことへの深い感謝の念に包まれたことが思い返されます。

また、仏教伝道協会の講座は、一から仏教を学びたい方を対象に、日本仏教の各宗派の僧侶が交代で講演するもので、浄土真宗の回を担当しました。収録した原稿は、仏教伝道協会が初めて企画開催した年のもので、約百名の方に聴いていただきました。後半の二章がその講演内容です。両講演会ともになるべく丁寧にわかりやすくお話をするよう、また自身の問題として聴いていただけるよう心がけました。

ところで、平成二十七年から翌二十八年にかけては、難病を患っていることから障害者となり、医師からはいのちの危険性を告げられることもあって、何度も入退院を繰り返していたころでした。武蔵野大学の講演会のときは入院中でしたので、医師から外出許可をいただいて病院より出講し、終了後はタクシーで病院へ戻ったことでした。また、仏教伝道協会での講演会のときも日常生活を送れるようになってはいましたが、いまだ治療が軌道に乗ったと言えるような状態ではありませんでした。そのような中で、いま本当に伝えなければならないこととは何か、伝えたいこととは何かを考え、すべてをふりしぼって、これまでの学びや自身が体験したことによる思いを、法然聖人と親鸞聖人の言葉を拠り所としてお話しをさせていただきました。

本書は、法然聖人から親鸞聖人への教えの継承と展開を、「ただ念仏」を主題として、特に『選択集』と『教行信証』を中心に据えて述べました。両聖典を学び始めたのは龍谷大学に入学してからです。学部で指導していただいた武田龍精先生のゼミでは、三回生のときに『教行信証』を、四回生のときに『選択集』を輪読しました。先生からは特に法然聖人や親鸞聖人の著述のみを研究対象とするのではなく、親鸞聖人の生き方や学び方に学ぶことの意義を教わりました。大学院に進学してからは、浅井成海先生の指導のもと『選択集』や『教行信証』を本格的に学ぶようになりました。先生からは知識に終わるのではなく、その姿勢から出遇いと聞法の重要性を学びました。両先生はじめ、ご教導いただいた諸先生の学恩に感謝するとともにますます精進しなければならないとの決意を新たにしたことです。

また、本書の刊行を快く引き受けていただいた、探究社代表取締役社長の西村裕樹氏は、武田先生のゼミの同級生です。数年前から親鸞聖人の教えをわかりやすく執筆してほしいとの依頼をくださっていました。その約束を果たせないままでいましたが、相談していく中で本書となりました。編集・校正等種々お世話になりました。さらに両親や妻からは数多くの助言や指摘をしてもらいました。

刊行にあたり、貴重なご法縁を結ばせていただき、ご尽力いただいたみなさまに厚く御礼申しあげます。

参考文献

『浄土真宗聖典（註釈版）第二版』、本願寺出版社、二〇〇四年
『浄土真宗聖典　七祖篇（註釈版）』、本願寺出版社、一九九六年
『増補改訂　本願寺史』第一巻、本願寺出版社、二〇一〇年
『拝読　浄土真宗のみ教え』、本願寺出版社、二〇〇九年
『昭和新修法然上人全集』、平楽寺書店、一九五五年
赤松俊秀『親鸞（人物叢書）』、吉川弘文館、一九六一年
浅井成海『法然と親鸞―その教義の継承と展開』、永田文昌堂、二〇〇三年
浅井成海『聖典セミナー　選択本願念仏集』、本願寺出版社、二〇一七年
一楽真『親鸞の教化―和語聖教の世界』、筑摩書房、二〇一〇年

今井雅晴『親鸞とその家族』、自照社出版、一九九八年
今井雅晴『親鸞の家族と門弟』、法藏館、二〇〇二年
大谷光真『愚の力』、文藝春秋（文春新書）、二〇〇九年
大橋敏雄『法然上人絵伝（上）』、岩波書店（岩波文庫）、二〇〇二年
梯實圓『聖典セミナー　歎異抄』、本願寺出版社、一九九四年
梯實圓『教行信証の宗教構造―真宗教義学体系』、法藏館、二〇〇一年
梯實圓『精読・仏教の言葉　親鸞（新装版）』、大法輪閣、二〇一二年
梯實圓『浄土から届く真実の教え―『教行証文類』のこころ』、自照社出版、二〇一五年
梶村昇『法然上人行実』、浄土宗出版、二〇〇五年
金子大栄『歎異抄』、岩波書店（岩波文庫）、一九八一年
武田龍精『親鸞と蓮如―真実信心獲得の論理』、永田文昌堂、二〇〇九年
千葉乗隆『親鸞聖人ものがたり』、本願寺出版社、二〇〇〇年

千葉乘隆・徳永道雄『親鸞聖人　その教えと生涯に学ぶ』、本願寺出版社、二〇〇九年
平松令三『聖典セミナー　親鸞聖人絵伝』、本願寺出版社、一九九七年
平松令三『親鸞（歴史文化ライブラリー）』、吉川弘文館、一九九八年
村上速水『親鸞教義とその背景』、永田文昌堂、一九八七年

著者紹介

前田壽雄（まえだ　ひさお）

昭和49年北海道生まれ。武蔵野大学通信教育部准教授、浄土真宗本願寺派東京仏教学院研究科講師。龍谷大学大学院文学研究科博士課程真宗学専攻単位取得。浄土真宗本願寺派宗学院卒業。龍谷大学非常勤講師、東京大学仏教青年会念仏会講師、浄土真宗本願寺派総合研究所上級研究員を経て現職。著書に『書いて味わう讃仏偈　重誓偈』（本願寺出版社）、『仏事Q＆A　浄土真宗本願寺派』（国書刊行会）など。

「ただ念仏」の教え

―法然聖人から親鸞聖人へ―

二〇一八年七月一日　初版印刷

二〇一八年七月十日　初版発行

著　著・前田壽雄

発行者・西村裕樹

発行所・株式会社　探究社

〒600―8824

京都市下京区二人司町六番地

電話・〇七五・三四三・四一二一（代）

振替・〇一〇三〇―六―二一一八五

印刷・製本・株式会社　大気堂

乱丁・落丁はお取り替えいたします。

ISBN978-4-88483-990-1　C0015